KARL KAUTSKY

Politique et Syndicats

TRADUIT DE L'ALLEMAND
Par CAMILLE POLACK

Prix : 0 fr. 75

PARIS (Ve)
V. GIARD & E. BRIÈRE
LIBRAIRES-ÉDITEURS
16, rue Soufflot, 16.

1903

Politique et Syndicats

KARL KAUTSKY

Politique et Syndicats

TRADUIT DE L'ALLEMAND
Par CAMILLE POLACK

PRIX : **0 fr. 75**

PARIS (V^e^)
V. GIARD & E. BRIÈRE
LIBRAIRES-ÉDITEURS
16, rue Soufflot, 16

1903

PRÉFACE

Le travail qu'on va lire a paru en une série d'articles dans la *Neue Zeit*, il y a deux ans, à un moment où l'on discutait avec chaleur en Allemagne la question des rapports entre le parti socialiste et les syndicats. C'est dans tous les pays capitalistes un problème de la plus haute importance que l'établissement de ce *modus vivendi*, mais la question ne se pose pas de la même façon dans les différents pays, et elle admet les solutions les plus diverses. Il me paraît utile de le constater ici de façon à prévenir tout malentendu. Car ce que je sais des syndicats français suffit pour me prouver que le problème de la neutralité des syndicats est absolument différent en France et en Allemagne : les arguments présentés pour ou contre la neutralité en Allemagne ne valent donc pas nécessairement pour la France.

La différence essentielle entre la France et l'Allemagne à cet l'égard me paraît consister en ce fait qu'en France la neutralité est plutôt une question d'*organisation*, en Allemagne plutôt une question de *propagande*.

En Allemagne, sauf une minorité insignifiante, Socialistes et Syndiqués admettent d'un accord unanime que les syndicats en tant qu'organisation doivent être absolument indépendants des groupements politiques du parti socialiste. C'est d'ailleurs là une nécessité, car dans la plupart des états allemands, malgré quelques adoucissements partiels obtenus dans ces dernières années, les lois sur les associations sont encore aujourd'hui très sévères pour les groupements politiques ; on sait que, par exemple, les femmes et les mineurs n'ont pas le droit d'en faire partie. Si les syndicats veulent échapper à toutes ces mesures restrictives, il faut qu'ils restent en dehors de la politique. Mais il y a des considérations de fait qui sont beaucoup plus décisives. La fonction des syndicats est absolument différente de celle des partis politiques ; une union étroite entre les deux organismes les mettrait tous les deux en danger, et rendrait plus difficile à chacun l'accomplissement de sa tâche.

Mais malgré l'organisation tout à fait indépendante des syndicats, il existe entre eux et le parti socialiste l'entente la plus étroite. Ce sont la plupart du temps les mêmes hommes qui se trouvent groupés dans l'une et l'autre organisation. Les socialistes se montrent les meilleurs syndiqués, et presque tous les syndiqués vraiment actifs sont aussi de bons socialistes.

Si la question des rapports d'*organisation* entre le Parti socialiste et les Syndicats est hors de discussion en Allemagne, il m'apparaît par contre qu'en France cette question est extrêmement controversée.

Les solutions les plus divergentes sont proposées ; tandis qu'un grand nombre veut mettre les syndicats dans la dépendance absolue, au point de vue de l'organisation, des groupements politiques socialistes, les autres préconisent non seulement l'*indépendance* des syndicats vis-à-vis des organisations politiques, mais même l'*opposition* à celles-ci, et ils ne voient pas dans l'action syndicale et l'action politique comme les deux aspects d'un même phénomène — la lutte de classe du prolétariat — mais deux phénomènes différents et incompatibles.

Examinée au point de vue de la *propagande*, la question prend un tout autre aspect. Certains syndiqués socialistes allemands ne se contentent pas de l'indépendance des syndicats vis-à-vis du parti socialiste au point de vue de l'organisation. Ils demandent encore aux syndiqués socialistes de s'abstenir de toute démonstration socialiste à l'intérieur des syndicats, de faire ailleurs leur propagande socialiste, parce que cela éloignerait des syndicats les éléments non socialistes. C'est là le fond de la thèse neutraliste qui est discutée dans ce travail. Je n'ai donc pas à examiner ici les arguments, ni leur valeur. Il me suffit de faire observer qu'à ma connaissance cette question n'existe pas pour les socialistes français. Du moins je ne sais pas de socialistes français qui ait jamais prétendu qu'on devait s'efforcer de gagner les syndiqués *jaunes* aux syndicats de la lutte de classe en bannissant des syndicats et de la presse syndicale toute propagande socialiste qui serait capable de blesser ou d'effrayer les *jaunes*.

Sur ce point je crois bien que l'unité la plus complète règne entre les socialistes français.

Et je suis heureux de pouvoir constater qu'en Allemagne aussi la conception de la neutralité qui est combattue dans les pages qui suivent, n'a pas pris racine. Le prolétariat militant d'Allemagne a l'idée socialiste trop dans le sang pour qu'il ne trouve pas à la manifester dans tous ses actes en dépit de tous les accès passagers de tiédeur politicienne, La discussion qui a donné lieu aux articles traduits ici ne date que de deux ans. Mais au récent congrès des syndicats tenu à Stuttgart l'esprit socialiste a dominé aussi complètement et aussi ouvertement que dans n'importe quel congrès du parti socialiste. L'écrasante majorité des congressistes n'a laissé aucun doute à cet égard : pour eux les syndicats n'exerceront une action utile que par une entente harmonieuse avec le parti socialiste. Pour la rendre plus facile le congrès de Stuttgart a transporté le siège du Conseil général de la Fédération des syndicats de Hambourg à Berlin, où se trouve également le siège du Comité directeur du parti socialiste.

En un certain sens, cette brochure est donc vieillie. Les tendances que je combats ici ont perdu beaucoup de terrain et ne jouent plus aucun rôle dans la vie syndicale allemande. Il y a tout lieu d'espérer qu'elles ne reprendront pas de sitôt de nouvelles forces. Les syndicats anglais dont elles se réclamaient ne peuvent plus guère depuis ces dernières années servir de modèles. Eux-mêmes s'efforcent de sortir de cette neutralité où ils s'étaient embourbés. A la vérité il ne leur est pas très facile de s'en dépêtrer, mais plus cela leur est difficile, moins leur exemple peut engager les autres à suivre leurs traces, et à aller consciemment de soi-même se jeter dans le marais.

Malgré toutes les modifications qui se sont produites dans ces deux dernières années, je n'ai rien à changer à ma brochure. Je me trouve dans cette situation particulièrement agréable de voir ces modifications elles-mêmes confirmer purement et simplement la thèse de cette brochure.

Berlin, 21 juin 1902.

KARL KAUTSKY.

LA POLITIQUE ET LES SYNDICATS

Quand on examine la légitimité d'une revendication, il faut rechercher tout d'abord ses racines psychologiques. On reconnaît alors bien souvent qu'une revendication qui semble reposer sur des principes généraux et résulter de la nature même des choses, traduit en réalité une situation historique particulière et n'a, comme elle, qu'un caractère tout transitoire.

Il paraît naturel d'attribuer l'agitation qui se dessine aujourd'hui en Allemagne en faveur de la neutralisation des syndicats aux mêmes causes qui en Angleterre déterminèrent pendant quelque temps les Trade-Unions à se désintéresser de l'action politique. Lorsqu'en effet les syndicats deviennent forts, il se développe toujours en eux la tendance de faire passer les intérêts professionnels avant les intérêts de classe, et de séparer nettement l'agitation corporative du mouvement de classe, qu'à force de particularisme on finit par paralyser. Les périodes de prospérité industrielle, évidemment, favorisent plus l'agitation professionnelle et tendent même à reléguer le mouvement politique de classe à l'arrière-plan. C'est un fait qui se vérifie tout particulièrement en Angleterre. En 1837, en même temps que la crise économique, commença l'agitation chartiste, et, jusqu'en 1842, elle ne cessa de grandir. Puis vinrent les années de prospérité, et le chartisme recula ; le nombre des abonnés du *Northern Star*, son organe, tomba de 50.000 à 5.000. La crise de 1847 ranima l'agitation chartiste, mais le chartisme reçut le coup de grâce avec la faillite des mouvements révolutionnaires de 1848 et l'ère de libre échange qui suivit le prodigieux développement industriel d'alors. Et les syndicats, dont l'affaiblissement avait coïncidé avec l'âge d'or du chartisme, reprirent à partir de 1850 un nouvel essor. « La période de 1825 à 1848 avait été remarquable par la fréquence et la violence des crises commerciales. Mais à partir de 1850, au contraire, les progrès de l'industrie furent pendant quelques années (jusqu'en 1874, K.K.), plus grands et plus constants que dans la période précédente » (S. et B. Webb, *Histoire du Trade-Unionisme*). C'est à ce moment que furent créés les syndicats *neutres* modernes. Puis vint la longue crise après 1874, pendant laquelle le mouvement socialiste reprit en Angleterre, tandis que le mouvement syndical restait stationnaire. M. et Mme Webb ont fait le calcul pour 28 Trade-Unions : le nombre de leurs adhérents, de 1870 à 1875, passa de 142.530 à 266 321, et de 1875 à 1885, il ne monta que de 266.321 à 297.997;

en 1880, elles ne comptaient que 227.924 membres. C'est à cette date précise que naquit le nouveau parti socialiste anglais et sa puissance ne tarda pas à grandir. Lorsqu'enfin, vers 1890 commença une nouvelle ère de prospérité, le *nouvel unionisme*, à ses débuts, se maintint encore complètement sous l'influence du socialisme, l'ancien esprit syndical ne tarda pas de nouveau à lui disputer le terrain dans les nouveaux syndicats eux-mêmes. Voici d'où résulte vraisemblablement cette opposition entre le mouvement syndical et le mouvement socialiste.

Si rapide que soit la croissance des syndicats, ils n'arriveront jamais à comprendre la totalité des ouvriers. « Le mouvement syndical ne s'étendra jamais probablement au-delà de ce qu'on a pu appeler l'aristocratie de la classe ouvrière », dit Bernstein (dans la postface de l'édition allemande de l'*Histoire du Trade-Unionisme*, de Webb, p. 448) : opinion à laquelle nous souscrivons entièrement, ainsi qu'à cette autre, de la même page : « il serait utopique, pour la classe ouvrière, de croire possible son émancipation ou même quelque amélioration sérieuse de son sort par l'action exclusive des syndicats ». En 1892, M. et Mme Webb estimaient à un million et demi le nombre des ouvriers syndiqués en Grande-Bretagne et en Irlande, alors que l'industrie occupe dans ces pays 17.000.000 de personnes, dont au moins 10.000.000 de salariés. Donc, dans cette terre promise des Trade-Unions, l'immense majorité des salariés n'est pas encore syndiquée. Mais si l'organisation syndicale procure des avantages indéniables aux ouvriers syndiqués, sans contribuer à relever la masse des ouvriers, elle a forcément pour conséquence d'accentuer la différence sociale entre les syndiqués et les non-syndiqués et de faire des premiers une classe de privilégiés supérieurs aux autres.

Si l'on tient compte en outre des avances faites par la bourgeoisie à ces ouvriers privilégiés, on comprend aisément que ceux-ci mettent leurs intérêts professionnels avant ceux de leur classe, jugés par eux inférieurs, qu'ils se montrent même hostiles au mouvement de classe du prolétariat, si la bourgeoisie leur fait entendre que cette agitation de classe peut compromettre leur mouvement syndical en lui enlevant les sympathies bourgeoises.

D'un autre côté, la partie la plus intelligente de la bourgeoisie sera d'autant plus disposée à faire des concessions à cette aristocratie ouvrière que celle-ci s'occupera plus exclusivement de ses intérêts professionnels et que l'impossibilité deviendra chaque jour plus manifeste d'arrêter l'essor de la classe ouvrière en persécutant ses organisations. Si le prolétariat ne se laisse plus contenir par la violence, il ne reste plus à lui opposer que la politique *divide et impera* ; on cherchera à le diviser pour le dominer, résultat qui, dans certaines circonstances historiques, s'obtiendra avec la plus grande facilité en favorisant les organisations professionnelles de l'aristocratie ouvrière.

Tout cela est d'ailleurs connu depuis longtemps ; il suffit de le rappeler brièvement ici. Il est donc assez naturel de croire que, si en ce moment on aspire en

Allemagne à neutraliser les syndicats, c'est sous l'action des mêmes causes qui ont donné au vieux trade-unionisme anglais son caractère si particulier. Voici les principaux éléments de cette évolution. Nous étions jusque là dans une période de prospérité qui dure depuis déjà quelque temps, les syndicats se développent en Allemagne d'une manière prodigieuse, et il ne manque pas de milieux bourgeois qui leur prodiguent des avances, s'imaginant qu'il suffit d'importer en Allemagne la mode anglaise pour faire subir au mouvement de classe prolétarien, au parti socialiste le sort du chartisme anglais, ou du moins pour châtrer notre parti et le transformer en un parti de réformes démocratiques dans le genre du radicalisme anglais. Les protestations d'amour de ces réformateurs bourgeois, de Berlepsch à Sombart, ne font pas défaut, non plus que les tentatives soi-disant scientifiques pour démontrer une fois de plus que la théorie de la lutte de classe, le Marxisme est mort, bien mort et enterré.

Tout en reconnaissant l'action de ces facteurs qui jouent évidemment un certain rôle, nous croyons qu'ils n'exercent qu'une influence très limitée sur le mouvement actuel en faveur de la neutralisation des syndicats. A part le syndicat des imprimeurs, et peut-être aussi le syndicat des verriers, il serait difficile de citer un autre syndicat allemand dont on puisse dire qu'il montre le besoin d'un isolement aristocratique. Nous ne croyons pas davantage que dans le mouvement syndical allemand actuel, il y ait des germes latents d'une évolution réactionnaire, dans le sens de ce qui a eu lieu en Angleterre. L'histoire ne se recommence pas, et la situation qui a imprimé au trade-unionisme anglais entre 1850 et 1874 son caractère particulier, ne se représentera plus.

En Angleterre même nous pouvons constater que les syndicats commencent à douter des avantages de la neutralité, et la preuve la plus éclatante de ce fait c'est la réunion à Londres, le 27 février 1900, de la *Great Labour Conference*, qui devait inaugurer l'action commune des trade-unions et des organisations socialistes Il y avait là représentés : l'*Independent Labour Party* avec 13.000 membres, la *Social-democratic federation* avec 9.000 membres, les Fabiens avec 861 membres et 68 trade-unions avec 514.000 membres. Ce dernier chiffre montre avec une pleine évidence combien les syndicats anglais sont sympathiques à l'idée d'abandonner la neutralité.

Enfin dans un certain nombre de pays où depuis longtemps le mouvement syndical et le parti socialiste sont étroitement unis, nous ne constatons pas le moindre désir de séparer les deux mouvements : ainsi en Belgique, en Autriche, en Danemark. Nous expliquerons à la fin de cet article les causes de ce phénomène ; qu'il nous suffise ici de le signaler.

La tendance neutraliste qui existe actuellement dans le monde syndical allemand n'est donc pas une manifestation particulière d'une tendance générale de l'évolution syndicale moderne, mais bien au contraire une exception à la loi générale de l'évolution. On pourrait être tenté de l'attribuer à la situation politique particulière de l'Allemagne, si on ne constatait la même tendance en Suisse, dans un pays dont l'organisation politique est tout autre. La raison de ce fait doit donc résider dans un phénomène qui, commun à l'Allemagne et à la Suisse, soit étranger aux autres pays que nous avons mentionnés. Cette cause n'est pas difficile à trouver : c'est le rôle particulier que l'ouvrier catholique joue dans le mouvement ouvrier de l'Allemagne et de la Suisse. C'est là, la raison essentielle des aspirations neutralistes qui se trouvent manifestées actuellement par les syndicats, et non les tendances réactionnaires qui agiraient dans le sens de l'ancien trade unionisme anglais. Ces tendances existent à la vérité chez nous aussi, elles cherchent à exploiter à leur profit les aspirations neutralistes, mais leur action n'est pas décisive et ne donne pas au mouvement neutraliste son caractère particulier.

L'ultramontanisme se plait à nous montrer dans la religion catholique la seule digue assez résistante pour s'opposer au torrent socialiste. Sous une forme aussi générale cette affirmation est absolument inexacte ; en France, en Belgique, en Autriche, en Italie même le parti socialiste fait en réalité des progrès en somme plus rapides que dans la protestante Angleterre. Il y a cependant une parcelle de vérité dans cette affirmation : le catholicisme est certainement un obstacle à la propagande socialiste et surtout à un mouvement ouvrier indépendant là où il est la religion d'une minorité qui se considère à tort ou à raison comme opprimée par la majorité. Ainsi, il y a presque impossibilité pour l'Irlandais à devenir socialiste et les ouvriers catholiques de la Suisse et de l'Allemagne ont entravé considérablement le mouvement socialiste et le mouvement syndical.

La raison, en est, au moins partiellement, que dans les pays cités les catholiques occupent en général des territoires peu développés au point de vue économique. La statistique professionnelle de 1895 donnait pour l'empire allemand :

Sur 100 personnes occupées on comptait :

	Protestants	Catholiques
Agriculture..........	56,72	43,01
Industrie............	64,54	34,57
Commerce...........	65,78	28,21

Les catholiques sont donc beaucoup plus représentés dans les régions agricoles que dans les régions industrielles.

Mais cette explication n'est pas complètement satisfaisante ; un certain nombre de pays catholiques d'Allemagne sont des régions très avancées et cependant le parti socialiste a la plus grande peine à les conquérir : par exemple, les pays rhénans. Dans ces régions le phénomène ne peut s'expliquer que parce que le catholicisme n'y est pas religion d'Etat, c'est-à-dire une force auxiliaire des classes dirigeantes contre les classes dirigées, mais bien plutôt un organe de résistance de ces dernières contre l'oppression d'en haut, et qu'il gagne ainsi la confiance des masses exploitées en satisfaisant leur instinct d'opposition.

Les ouvriers et les petits bourgeois de l'Allemagne occidentale catholique, encore si démocrates en 1848, ne seraient pas aujourd'hui aussi dévoués à l'ultramontanisme si, en 1866, la catholique Autriche n'avait pas été exclue de la confédération allemande, et si l'empire allemand fondé en 1871 n'était pas devenu une puissance protestante qui s'empressa de faire sentir aux catholiques dans le Kulturkampf de Bismark, de la manière la plus brutale, leur situation de minorité.

Depuis, les ouvriers catholiques constituent en Allemagne (et aussi en Suisse où la situation est analogue) une grande masse prolétarienne qui, si elle n'est pas tout-à-fait réfractaire au mouvement ouvrier moderne, lui est beaucoup moins sympathique que les classes correspondantes des contrées protestantes. Les conquérir et gagner les salariés agricoles, voilà les deux plus importants problèmes de propagande que le parti socialiste allemand doive résoudre en ce moment, problèmes beaucoup plus importants peut-être que celui de la conquête des paysans-propriétaires, qu'on peut différer en toute sécurité jusqu'au moment où nous aurons réussi à résoudre les deux premières questions.

Sur les 12.816.552 salariés qu'occupaient en 1895 l'agriculture, l'industrie et le commerce de l'Allemagne il y avait 5.627.794 travailleurs agricoles (dont 2.419.590 catholiques), 2.122.267 ouvriers industriels catholiques, 375.302 employés de commerce catholiques, en tout plus de 8.000 000 de catholiques et de travailleurs agricoles sur un total d'un peu moins de 13 000.000.

Ce sont ces 8 millions d'ouvriers qu'il importe de

gagner tout d'abord, avant qu'il soit nécessaire de nous entendre sur la propagande à employer pour amener à nous les paysans-propriétaires. Remarquons toutefois, pour éviter toute fausse interprétation que ces 8 millions ne sont pas tous électeurs, il y a là dedans des femmes et des enfants. Chose assez surprenante : dans la population ouvrière catholique, le nombre des femmes salariées est relativement assez considérable dans l'agriculture et plutôt restreint dans l'industrie.

Il y avait dans l'agriculture, l'industrie et le commerce :

	ouvriers agricoles	ouvriers industriels.
Sur 100 travailleurs hommes catholiques	26,00	34,88
Sur 100 travailleurs femmes catholiques	53,16	17,17
par contre,		
Sur 100 travailleurs hommes protestants	21,75	36,03
Sur 100 travailleurs femmes protestantes	45,59	22,76

Le nombre des ouvriers agricoles hommes s'élevait à 3.239.646, celui des ouvriers industriels catholiques à 1.782.708, celui des employés de commerce catholiques à 237. 988, en tout plus de 5 millions sur un ensemble de 9.000.000 de travailleurs (hommes) dans les trois grandes branches de l'activité humaine. Or sur ces 9 millions, il y en a au moins 5 millions d'un âge qui les prive du droit de vote : 3.859.000 ont moins de vingt ans ; la catégorie des gens qui ont de 20 à 30 ans comprend

3.861.000 hommes. Si l'on fait le même calcul pour les travailleurs catholiques et pour les travailleurs agricoles on peut admettre que ces deux groupes fournissent plus de 2.500.000 électeurs et les autres salariés un peu plus de 2.000.000.

Il est nécessaire pour le mouvement ouvrier moderne, aussi bien pour le mouvement politique que pour le mouvement syndical, de conquérir cette masse. Non seulement afin qu'il fasse des progrès et qu'il finisse par entraîner la majorité, mais aussi pour qu'il conserve les positions conquises; car les masses des ouvriers industriels catholiques et des travailleurs agricoles se répandent comme un flot de l'Est à l'Ouest, de la campagne et des petites villes dans les grandes villes et dans les centres industriels.

Parmi les groupes professionnels pour lesquels la conquête des ouvriers catholiques est particulièrement importante, il faut mettre au premier plan les mineurs. Si dans les trois groupes principaux, agriculture, industrie et commerce, les catholiques constituent les 37,5/00 du nombre total des individus employés, dans les mines ils sont les 55/00, dans l'agriculture ils sont les 43,2/00, dans les industries mettant en œuvre des pierres ou des terres, carrières, poteries, verreries, etc. 39,4/00.

Mais si le parti socialiste et les syndicats ont le même intérêt à gagner les ouvriers catholiques, il y a cependant quelque apparence que ces intérêts ne sont pas solidaires.

L'ultramontanisme pouvait bien écarter les ouvriers

catholiques du parti socialiste, mais il ne pouvait pas étouffer complètement chez eux les conflits d'intérêts entre le travail et le capital. La nécessité de s'organiser pour lutter contre la puissance excessive du capital a commencé à devenir manifeste même pour les ouvriers menés en lisière par le parti catholique, si bien que celui-ci s'est trouvé exposé à perdre sa clientèle prolétarienne, s'il n'allait pas au-devant de ses besoins d'organisation.

Un certain nombre d'organisations professionnelles se sont formées chez les ouvriers ultramontains (d'une manière plus faible aussi chez les ouvriers protestants conservateurs) ; ces organisations créées tout-à-fait sous l'influence cléricale montrent cependant que les ouvriers catholiques sont plus faciles à gagner au mouvement syndical qu'au mouvement socialiste. Mais qu'est-ce qui les empêche d'entrer dans les grands syndicats déjà existants ? On nous répond : c'est leur caractère socialiste ; qu'on leur enlève ce caractère, qu'on les rende neutres, et l'obstacle est supprimé, qui éloigne les ouvriers catholiques des syndicats. Ils seront gagnés au moins à l'un des deux cotés du mouvement ouvrier moderne et ils pourront ainsi plus facilement être gagnés à l'autre. La neutralisation des syndicats est donc la condition préalable, indispensable, de la croissance du mouvement prolétarien en Allemagne.

Le raisonnement est absolument logique et les tendances neutralistes qui en procèdent ont un tout autre caractère et sont infiniment plus sympathiques que les tendances des ouvriers aristocrates à la mode anglaise et de leurs amis bourgeois. On aurait tort de confondre ces deux aspirations, même si les apparences sont les mêmes et le raisonnement presque identique, même si le mouvement ouvrier aristocratique gagnait plus de forces, grâce aux avances faites aux ouvriers catholiques, qu'il n'en aurait autrement. Loin de vouloir la neutralisation pour séparer quelques couches aristocratiques du mouvement commun, on le désire au contraire pour amener au mouvement quelques couches restées en arrière. On ne veut pas diviser mais unir.

Avec ces constatations nous n'avons pas encore indiqué notre position dans la question de la neutralisation, mais nous avons montré qu'il était possible d'en parler sans violence ni amertume.

II

Est-il possible d'imaginer qu'on puisse arriver dans la situation historique actuelle à une neutralisation réelle des syndicats, voilà la question dont il s'agira avant tout ici. Si nous devons répondre à cette question par la négative, nous pourrons nous éviter de rechercher quelles seraient les conséquences de la neutralisation; si elle enlèverait d'un côté plus de force aux syndicats qu'elle ne leur en donnerait de l'autre.

Arrêtons-nous à la première question ; il s'agit avant tout de la bien circonscrire. Si les défenseurs de la neutralisation des syndicats demandaient seulement qu'ils fussent ouverts à tous les ouvriers du métier, quelles que soient leurs croyances politiques ou religieuses, on tomberait immédiatement d'accord avec eux. Mais alors on n'aurait pas introduit de principes nouveaux dans ces syndicats « socialistes » qui, de tout temps, se sont distingués des organisations chrétiennes et libérales en ce qu'ils n'exigaient de leurs membres aucune profession de foi religieuse ou politique. La neutralisation consisterait alors tout au plus à conseiller aux syndiqués socialistes d'éviter le plus possible dans leurs rapports avec leurs camarades non socialistes tout froissement inutile. C'est un conseil qu'on peut donner de temps en temps, mais il n'a pas une importance telle qu'on ait besoin de le discuter publiquement, sans compter que précisément dans les questions de tact il n'y a pas de règle générale et qu'il n'est pas facile de distinguer où cesse la défense légitime de son opinion à soi, et où commencent les attaques inutiles. Autant il est désirable que nos camarades s'abstiennent dans les syndicats de toute attaque violente sur le terrain religieux ou politique, autant ce concept d'attaque violente est élastique, quand on examine chaque cas concret pris en particulier. Des résolutions n'y changeraient rien ; tout dépend de la maturité politique et de la maîtrise de soi de nos camarades, comme aussi d'ailleurs des qualités de leurs camarades des autres opinions.

On n'a donc pas à discuter là-dessus.

La grande question de la neutralisation n'est pas de savoir si les syndicats doivent être ouverts à tous les travailleurs sans distinction de religion ou d'opinion politique, mais de savoir s'ils doivent faire de la politique ou non. On trouverait difficilement un adversaire sérieux de la neutralisation qui voudrait fermer les syndicats aux partisans de certaines opinions politiques et religieuses, et, parmi les partisans socialistes de la neutralisation il n'y en a pas un pour soutenir que les syndicats ne doivent en aucune façon faire de la politique, même là où les lois le permettent (1). Ces amis de la neutralisation demandent seulement que les travailleurs fassent uniquement de la politique de classe,

(1) La position que prend Elm n'est pas très nette. D'abord il se plaint de la « résignation facile avec laquelle Ströbel accepte qu'encore aujourd'hui ni les femmes ni les étudiants ni les apprentis ne peuvent faire partie d'associations politiques en Prusse ». Quelques pages plus loin il déclare que « les syndicats doivent faire de la politique pratique d'actualité mais pas de politique de parti ».

Mais aucune loi prussienne ou autre loi sur les associations ne fait de distinctions entre la politique pratique d'actualité et la politique de parti ; si en faisant de la politique de parti un syndicat devient un groupe politique, il en est tout à fait de même s'il fait de la politique pratique d'actualité. Mêler la question de la neutralisation des syndicats à celle de leurs rapports avec les lois modifiables sur les associations ne peut qu'engendrer la confusion. Ce sont deux questions essentiellement distinctes. Ce qui le prouve bien, c'est que la question de la neutralisation a surgi en Suisse, où l'autre question n'existe point. Chaque syndicat peut décider s'il veut être un groupe politique ou non. Nous n'avons pas à discuter ce point ici, où il s'agit de la politique syndicale que les syndicats peuvent faire et ont fait de tout temps, même en Prusse, sans donner à leurs organisations l'étiquette de groupes politiques ; il s'agit de cette politique qui se fait surtout dans la presse syndicale et dans les réunions publiques.

de la politique ouvrière, non de la politique de parti. Ils s'appuient d'un côté sur les syndicats anglais, d'un autre sur les syndicats patronaux de tous les pays qui font bien de la politique, mais pas de la politique de parti, dans lesquels les hommes de même profession, à quelque parti qu'ils appartiennent, font la même politique. Ils nous assurent que c'est ainsi que les trade-unions anglaises sont devenues fortes, que c'est à cela que les syndicats patronaux doivent leur puissance. Imitons-les.

Ces deux exemples sont sans doute très-séduisants. Mais il ne faudrait pas oublier, que quand il s'agit d'imiter l'étranger la bonne volonté ne suffit pas, il faut aussi que les conditions préliminaires se rencontrent qui rendent l'imitation possible, et parmi ces conditions figure avant tout l'absence d'un parti socialiste.

Il ne faut pas oublier que le parti socialiste est un parti d'une nature toute particulière, qu'on ne peut pas tout uniment assimiler aux partis bourgeois. C'est le parti des salariés, il représente les intérêts ouvriers, sans aucun égard aux intérêts de la propriété. Les autres partis, quelles que soient d'ailleurs les différences qui les séparent, sont tous des partis de possédants qui ne considèrent les intérêts ouvriers que dans la mesure où ils sont compatibles avec la propriété privée.

Mais les deux exemples invoqués ont ceci de commun que dans l'un et l'autre cas, le parti socialiste n'intervient pas dans la question de la neutralité.

En Angleterre le parti socialiste ne joue encore aucun rôle dans la bataille des partis.

En présence des différences mesquines qui séparent en Angleterre libéraux et conservateurs, les syndicats peuvent très bien rester indifférents. On peut pour le moins considérer comme douteux qu'ils persisteraient dans leur indifférence politique, s'il se formait un parti socialiste aussi fort que l'un de ces deux partis bourgeois, si l'attitude des syndicats devenait un appoint important dans la question, à qui la prédominance reviendrait, au parti des travailleurs ou à l'un des partis capitalistes.

Les résolutions de ce congrès de Londres de février dernier, dont nous avons déjà parlé, n'indiquent pas que les syndicats anglais resteraient neutres dans ce cas. Les délégués d'un demi million de syndiqués ont décidé, d'accord avec les délégués des socialistes anglais, la création d'une organisation spéciale pour le choix de candidats « reconnaissant le programme et la tactique de l'agitation ouvrière et formant au Parlement un groupe spécial, indépendant des autres partis politiques. » Le comité exécutif de ce nouvel organe de parti politique se compose de sept délégués des syndicats et de cinq délégués des organisations socialistes.

On admettra bien que ces résolutions jettent un jour assez vif sur la neutralité des syndicats anglais. C'est là en somme le début d'un mouvement ouvrier politique autonome en Angleterre.

Quant aux syndicats patronaux, les socialistes n'y sont pas traités, que je sache, sur le même pied que les membres des partis bourgeois. Au contraire, ultramontains, libéraux, libéraux-nationaux y travaillent avec l'entente la plus parfaite contre les socialistes. Le point commun de leur politique en dehors des partis, c'est précisément la lutte contre le parti socialiste.

« Le syndicat ne doit pas faire de préférence entre les partis », dit la *Deutsche Berg und Huttenarbeiterzeitung*, n° 22 (Journal des mineurs et des fondeurs allemands). Pense-t il peut-être que les trusts des maîtres de forges sont aussi bien disposés pour les socialistes que pour les libéraux nationaux et les conservateurs ? Les syndicats patronaux observent seulement la neutralité à l'égard des partis capitalistes, mais dans les syndicats d'ouvriers les défenseurs de la neutralité demandent qu'ils aient le même amour pour les partis capitalistes que pour le parti ouvrier. Cela ne montre t-il pas d'une manière éclatante combien est boiteuse la comparaison entre la neutralité des syndicats ouvriers et celle des syndicats patronaux ?

Nous deviendrons enthousiastes de la neutralité des syndicats le jour où l'union des maîtres de forges allemands et le syndicat des charbons du Rhin et de la Westphalie ne traiteront pas autrement les socialistes que les autres partis.

L'exemple de ces unions patronales comme l'exemple des trade-unions montre seulement combien sont insignifiantes, au point de vue de leur attitude à l'égard des ouvriers les différences politiques qui séparent les partis bourgeois, mais il ne prouve en aucune façon qu'un syndicat ouvrier doive être animé des mêmes dispositions pour les partis bourgeois que pour le parti ouvrier.

En outre les syndicats patronaux, et dans une large

mesure aussi, les trade-unions anglaises, sont des entreprises d'affaires. Les syndicats allemands sont quelque chose de plus grâce au parti socialiste sous l'influence duquel ils se sont placés jusqu'ici. Ce ne sont pas des organisations qui se proposent uniquement d'améliorer la situation économique de leurs membres, mais elles ont également en vue leur développement intellectuel, et elles organisent à cet effet des conférences scientifiques, fondent des bibliothèques, etc...

Si les syndicats voulaient avoir une politique absolument neutre, ils devraient renoncer complètement à cette mission éducatrice. Ströbel, à juste titre, a déjà signalé ce point. En Suisse un des plus grands obstacles, lors de la récente campagne en faveur de la neutralisation, fut la prétention des ouvriers catholiques de supprimer, dans les conférences et les bibliothèques des syndicats, tout ce qui pourrait choquer un cœur vraiment catholique.

La transformation des syndicats indépendants en simples entreprises d'affaires tient fort à cœur à nos économistes si « moraux » ; mais le parti socialiste « matérialiste » n'a pas le moindre désir de les voir se dégrader ainsi.

Il ne veut pas non plus voir les socialistes devenir de majorité une minorité dans les syndicats, et aussi longtemps qu'ils seront la majorité, la direction des syndicats restera aux mains des socialistes. Or les socialistes, s'ils font de la politique, ne peuvent faire que de la politique socialiste ; ils peuvent bien s'allier avec des ouvriers ultramontains et libéraux pour le droit de coalition, par exemple, mais pour cela ils se serviront d'arguments socialistes et ils en appelleront pour la défense de leurs intérêts aux socialistes des corps législatifs et de la presse.

En outre, si la direction des syndicats tombait dans des mains non socialistes, les syndicats ne feraient pas de la politique neutre mais bien de la politique anti-socialiste. Le parti socialiste joue actuellement dans toutes les questions ouvrières un rôle beaucoup trop important pour qu'un représentant des travailleurs puisse rester indifférent à son égard.

Examinons les deux syndicats allemands qui ont inscrit la neutralité sur leur bannière. La neutralité de l'un des deux, le syndicat des imprimeurs, est la neutralité du type anglais ; elle aboutit même, comme on peut le voir dans son organe, à une hostilité déclarée contre le parti socialiste. La neutralité de l'autre, le syndicat des mineurs et des forgerons, a une tendance que nous avons déjà mentionnée; il va au-devant des désirs des ouvriers catholiques, plus exactement des ouvriers ultramontains. La politique soi-disant neutre de cette union n'est à la bien regarder, qu'une politique socialiste, timide d'ailleurs. Quand on reproche à la *Deutsche Berg und Hüttenzeitung* de ne pas être d'accord avec les idées de notre parti, nous ne pouvons pas nous associer à ce reproche, du moins notre connaissance du journal ne nous le permet pas. Les aspirations vers la neutralité n'ont qu'un résultat là-bas : c'est que les convictions socialistes de la rédaction revêtent parfois des formes particulières pour ne pas effrayer les lecteurs.

« La neutralité, écrit par exemple dans son dernier numéro le journal déjà mentionné, veut que l'on soit impartial envers tous les partis, même quand on doit combattre certains de leurs représentants, certains de leurs actes, du point de vue syndical ».

Pour être impartial envers tous les partis, il est nécessaire de n'appartenir à aucun.

C'est ce que ne veut pas la *Deutsche Berg und Huttenarbeiterzeitung*, mais alors cette impartialité objective est en bien mauvaise posture, bien qu'*on* en ait plein la bouche.

Le syndiqué neutre, dit la *Deutsche Berg und Huttenarbeiterzeitung*, doit exercer sa critique non contre les partis, mais contre certains représentants, contre des actes déterminés des partis. Mais les représentants particuliers et les actes particuliers des partis ne sont pas des phénomènes fortuits ; ils ont leur raison d'être dans la nature des partis. Et une politique à longue portée doit précisément se proposer, en étudiant les intérêts de la classe et l'évolution historique, d'arriver à l'intelligence des relations nécessaires qui existent entre les phénomènes particuliers de la vie des partis. La politique qui néglige ce point, qui considère les représentants, les actes particuliers d'un parti sans les rattacher à l'ensemble du parti, à son développement historique, sera, non une politique neutre, mais une politique naïve, puérile, et recommander une telle politique aux syndicats, au lieu de la « politique de parti », c'est dégrader leur politique, c'est leur recommander de renoncer dans leur activité syndicale à toutes les connaissances qu'ils ont puisées dans leur activité de parti. Mais cela n'est guère possible, et alors cette neutralité-là, c'est en réalité conseiller au syndiqué socialiste de montrer une naïveté politique, qu'il n'a pas en réalité.

L'article de fond du même numéro de la *Deutsche Berg und Huttenarbeiterzeitung* nous en fournit un exemple : Notre camárade Sachse brigue le siège de député au Reichstag à Waldenbourg, au scrutin de ballotage. Comme les mineurs jouent dans cette élection un rôle considérable, la rédaction de ladite feuille considère comme de son devoir, d'inviter les électeurs à élire Sachse. C'est parfait, mais n'est-ce pas là un acte de politique de parti ?

Non, dit la rédaction ; car elle n'a pas un mot de recommandation pour le socialiste Sachse, celui qu'elle recommande, c'est le mineur Sachse, l'ami des ouvriers, et si elle le recommande, ce n'est pas parce que son concurrent est le candidat des conservateurs, des libéraux et d'ultramontains, mais parce qu'il est aussi accidentellement un ennemi des ouvriers. Elle évite anxieusement de caractériser les partis qui ont proposé ces candidats ; ce sont ceux-ci qu'elle se borne à faire connaître. Cela n'est quand même pas de la politique neutre : c'est bien plutôt de la politique d'autruche. L'auteur de l'article de fond sait très bien que tout candidat socialiste, quels que soient son nom et sa profession, par cela même qu'il appartient à ce parti, défendra avec plus de zèle et de fermeté les mineurs qu'un candidat du centre, — et même du centre silésien ! Mais le dire, ce serait faire de la politique de parti ! La neutralité exige évidemment qu'on garde cela pour soi, et qu'on s'arrange de façon à faire croire à un pur hasard, quand dans un cas particulier on se prononce pour le candidat socialiste à cause de ses qualités personnelles.

Ces syndiqués neutres portent le parti socialiste dans leur cœur tout aussi bien que les autres compagnons ; seulement ils font comme l'amoureux du poète :

> « Ne me compromets pas, ma chère enfant
> Ne me salue pas « sur le boulevard »,
> Une fois rentrés chez vous
> Tout s'arrangera.

Mais comme les maisons dans lesquelles ils prennent rendez-vous avec la belle enfant sont ouvertes à tout le monde — chambres des députés, lieux de réunions publiques, il faut une grande innocence politique pour croire sérieusement qu'on peut ne pas reconnaître sa « bonne amie sur le boulevard ».

Vouloir neutraliser les syndicats c'est vouloir au fond maintenir les syndiqués en un parfait état d'innocence politique. Cette neutralité consiste simplement en ceci : rester neutre en théorie et faire dans la pratique de la politique de parti. « On » se laisse guider dans le syndicat par les mêmes idées de parti qu'en dehors du syndicat ; seulement dans le syndicat on appelle politique ouvrière cette même politique qu'on vient d'appeler politique du parti socialiste dans une réunion électorale, et l'on soutient ici comme un ami des ouvriers le même candidat qu'on recommande là-bas comme un homme de parti éprouvé !

Si les syndicats font de la politique, les syndiqués, du moins les meilleurs d'entre eux, ceux qui ont une certaine maturité politique, feront constamment de la politique de parti. Si on veut bannir cette politique des syndicats, il faudra condamner la politique en général dans les syndicats et dans leurs organes, il faudra les transformer en de simples caisses de secours, en de pures entreprises d'affaires. Alors on pourra être neutre, mais il ne le faudra pas nécessairement, parce qu'il y a des sociétés de secours (maladies ou autres accidents) socialistes, ultramontaines, etc. La politique de parti pénètre l'ouvrier allemand jusqu'à la moelle des os, c'est elle qui détermine tous ses faits et gestes.

C'est le parti socialiste qui a le moins de raison de vouloir affaiblir ce puissant intérêt politique dans le cœur du prolétariat.

III

C'est Elm qui a essayé en dernier lieu d'exposer la politique de neutralité des syndicats en dehors de tout parti. Cette politique doit être : « une politique pratique d'actualité », « une pure politique d'intérêts, non une politique de parti ». Voilà qui est net, surtout quand c'est imprimé en gros caractères, mais si l'on y regarde de plus près, on reconnaît que cela prête à tout autant d'interprétations que la « politique ouvrière ». Vainement on cherche l'opposition qu'il y a entre la « politique de parti » et « la politique pratique d'actualité » ou « la pure politique d'intérêts ». Un parti ne peut-il pas faire cette même politique, et le parti socialiste ne fait-il pas de la politique d'intérêts, de la politique d'actualité, quand il s'occupe des intérêts immédiats des ouvriers ? faisait-il une autre politique quand il intervenait en faveur du droit de coalition, quand il cherchait à amender la loi sur l'assurance contre les accidents, quand il provoquait un règlement maritime plus satisfaisant, etc ?

Mais il n'y a pas de doute que sous les noms de politique pratique d'actualité et de pure politique d'intérêts on peut aussi comprendre une politique différente de la politique du parti socialiste.

Le parti socialiste fait de la politique d'intérêts, mais ce ne sont pas seulement les intérêts d'une profession, ni même ceux de la classe ouvrière tout entière qu'il défend ; il représente aussi les intérêts de l'évolution générale de la société ; ce sont même ces derniers qu'il met au premier rang, et pour lesquels il se prononcerait, s'ils devaient entrer en conflit avec ceux des ouvriers.

Il fait de la politique d'actualité, mais tout en considérant le moment présent, il ne perd pas de vue l'avenir. Sa politique est à longue portée, et il dédaigne de légers avantages momentanés qui seraient de nature à entraver le progrès, qui menacceraient de contrarier le prolétariat dans son évolution.

Que doit donc être cette politique d'actualité, cette politique d'intérêts des syndicats ? voilà la question décisive, à laquelle Elm répond simplement : qu'elle doit être pratique et sans déguisement. « Les syndicats exposeront leurs idées en matière de politique sociale en des propositions claires et précises qui leur serviront comme d'étendard dans leurs congrès. »

Voilà qui est bel et bien, mais nous ne savons pas si chaque syndicat établira un « programme d'actualité » particulier, ni jusqu'où s'étendra cette « actualité ». Admettons — et en cela nous pourrions bien être d'accord avec Elm — que l'universalité des syndicats élabore un programme embrassant tous les intérêts ouvriers, un programme méthodique, à longue portée, aussi utile aux progrès de la société qu'à ceux du prolétariat. Un tel programme, quelque pratique qu'il soit, ne pourra pas être élaboré sans le secours de la théorie, c'est-à-dire sans l'intelligence des lois de l'organisme social ; il devra reposer sur une conception déterminée de la société et l'incompatibilité de la conception « collectiviste » et de la conception « chrétienne » ou de la conception « libérale » ne manquera pas d'éclater, même si l'on fait abstraction de « l'état futur » et si l'on s'en tient aux questions pratiques de l'heure présente. La politique de parti n'est pas l'invention arbitraire de quelques politiciens de parti, mais elle se rattache intimement à la conception qu'on a de la situation économique et aux nécessités de l'époque actuelle, et chaque parti a une conception économique particulière et un programme économique particulier. Le congrès de Zurich en 1897 est très instructif à cet égard : il était consacré à la protection de l'ouvrier, il ne s'agissait là que d'un programme pratique d'actualité et de pure politique d'intérêts, et cependant que de différences de vues entre les délégués chrétiens et les délégués socialistes sur les questions du travail des enfants, de la limitation du temps de travail et surtout sur celle du travail des femmes !

La politique de parti jouera donc son rôle même dans l'élaboration du programme d'actualité des syndicats. Il sera tout autre s'il émane de syndicats socialistes ou s'il émane de syndicats ultramontains.

Mais il ne suffit pas de rédiger un programme, il faut l'appliquer, et pour cela les politiciens de parti deviennent indispensables. Elm aussi espère que le programme des syndicats réagira sensiblement sur les rapports réciproques des partis.

« Les politiciens sauront bientôt faire eux-mêmes leur profit de cette manifestation. Celui qui n'est pas avec nous est contre nous. Le parti qui, au Parlement, agit à l'encontre des revendications ouvrières, comprendra par les voix qu'il perdra aux prochaines élections que les ouvriers ont appris à sauvegarder leur intérêts même au jour du vote.

« Se déclarer officiellement en faveur d'un parti quelconque nuirait à la politique des intérêts. — L'effet des résolutions prises se manifesterait surtout par ce fait, que les partis seraient tenus de prendre position vis-à-vis du programme d'actualité. Comme le nombre des ouvriers industriels va en augmentant, leurs voix deviendront de plus en plus nécessaires aux partis dans les élections, et ces partis devront bon gré malgré tenir compte des résolutions d'un grand congrès des syndicats neutres ».

Voilà donc la politique électorale d'Elm. On m'accordera qu'elle est quelque peu étrange. Dans les élections, on ne vote pas contre tel ou tel parti, mais plutôt pour tel ou tel parti. Et si les ouvriers veulent faire triompher leurs revendications, il ne s'agit pas d'attendre que le parti qui les combat au Parlement s'aperçoive qu'il perd des voix, mais il faut qu'ils apportent le plus de voix possible au parti qui soutiendra énergiquement leurs revendications.

Elm assigne aux syndiqués un rôle tout à fait passif dans les luttes électorales; « se déclarer officiellement en faveur d'un parti quelconque », dit-il, « ce serait nuire à la politique des intérêts. — L'effet des résolutions se manifesterait surtout par ce fait que les partis seraient tenus de prendre position vis-à-vis de ce programme d'actualité ».

On ne voit pas très clairement comment la seconde proposition justifie la première. La politique d'intérêts demande bien plutôt que les syndiqués se solidarisent, dès que les partis ont pris position, avec celui qui représente le mieux leur programme d'actualité. Mais c'en serait fait de la neutralité, si la politique pratique d'actualité faisait la moindre tentative d'intervention effective dans la politique du jour, et c'est pourquoi les syndicats ne doivent pas s'engager dans la voie qui leur assure la défense la plus efficace de leur programme : tout au contraire, une fois qu'ils l'ont tracée, ils n'ont plus à s'en occuper et doivent laisser chaque syndiqué faire de son propre mouvement ce que son instinct politique lui conseillera pour contribuer à l'exécution politique du programme.

En réalité, comme Elm le déclare lui-même, cette politique syndicale tournerait quand même à l'avantage du parti socialiste. Nous le pensons également pour cette raison d'abord que les syndiqués ne sont pas des enfants ; en politique s'ils acceptent un programme, ils feront de la propagande pour le parti qui le défendra le plus énergiquement au Parlement, et ensuite parce qu'aujourd'hui ils connaissent très bien les différents partis. Mais s'il en est ainsi, est-ce que « la politique d'intérêts et d'actualité », « la politique ouvrière neutre » est autre chose qu'une politique socialiste déguisée ? Dans la pratique, ce déguisement ne servirait que médiocrement à gagner ces groupes d'ouvriers catholiques qu'on inféode à l'ultramontanisme avec la terreur du socialisme, car ces catholiques s'apercevraient bientôt que la lutte politique en faveur du programme syndical d'actualité favoriserait le parti socialiste. Cette peur de reconnaître ouvertement que la politique d'intérêts n'est pas autre chose que de la politique socialiste ne favoriserait dans les milieux syndicaux ni le sens moral ni l'intelligence politique.

Les syndicats peuvent à la vérité avoir une politique d'intérêts et d'actualité qui ne soit pas une politique socialiste sous une autre étiquette. C'est une politique d'intérêts s'occupant exclusivement ou presque exclusivement des intérêts des membres du syndicat, plaçant au second rang, supposé qu'elle s'en soucie, les intérêts du prolétariat en général et ceux de l'évolution sociale, défendant sans scrupules les intérêts particuliers des syndiqués, fût-ce même aux dépens de la société en général.

On peut aussi entendre par politique d'actualité celle qui recommande aux syndiqués de ne pas voir plus loin que le bout de leur nez, de borner leurs ambitions à ce qu'ils peuvent atteindre immédiatement, sans s'occuper le moins du monde de l'avenir.

Pour bien caractériser cette politique d'actualité et d'intérêts, il faut l'appeler politique du moment, politique d'affaires bornée. Ce n'est certes pas cette politique qu'Elm a en vue ; il semble cependant çà et là la confondre avec celle qui a été indiquée plus haut. On peut surtout la comparer à la politique d'affaires des syndicats patronaux qu'on propose comme modèles aux syndicats ouvriers.

Sans aucun doute une telle politique permettrait d'écarter facilement une série d'influences qui divisent aujourd'hui les ouvriers allemands. Malgré leur croyance au Sermon sur la Montagne et à la béatitude des pauvres et des opprimés, les ouvriers chrétiens eux-mêmes désirent en avoir le moins possible de cette béatitude. Et les ouvriers d'un métier s'entendront généralement mieux sur un petit nombre de revendications immédiates que sur un programme de réalisation lointaine ; car alors les conceptions différentes du monde, les idées différentes sur le développement social ne troubleront presque pas l'accord, c'est l'une ou l'autre de ces revendications particulières qui ralliera le plus aisément les politiciens de différents partis. Mais cette politique, comme la précédente, ne conduit qu'à une neutralité purement nominale, non à une neutralité véritable envers tous les partis

Si on attache une importance presque exclusive aux intérêts les plus immédiats du métier et des organismes corporatifs, les différences provenant de la conception générale de la société, qui séparent les ouvriers du métier, passent à l'arrière plan, tandis que passent au premier les différences qui séparent les ouvriers de ce métier particulier des ouvriers des autres métiers.

C'est un fait qu'on constate tout particulièrement là où des organisations ouvrières arrivent à conquérir une situation privilégiée. Cette situation ne pourra se maintenir que si les organisations privilégiées écartent la masse des ouvriers. Ces groupes d'ouvriers cherchent, comme les corporations d'autrefois, à s'élever, non d'accord avec le prolétariat en général, mais à ses dépens.

L'Angleterre, cette terre promise de la neutralité des syndicats, en fournit des preuves en quantité. Nous ne rappellerons que l'attitude bien connue des mineurs du Northumberland et du Durham, qui sont en opposition avec la masse de leurs camarades, au sujet de la journée normale de huit heures, parce qu'ils ont obtenu la journée de sept heures, et qu'ils trouvent avantageux que les enfants employés à côté d'eux à pousser les wagonnets travaillent dix heures. Voilà une politique d'actualité on ne peut plus « pratique », une politique d'intérêts on ne peut moins déguisée. Mais elle a pour conséquence, non l'unité des mineurs, mais bien leur division au sujet même de cette politique d'affaires.

Hué a décrit récemment dans la « Neue Zeit » les avantages que le syndicat des mineurs allemands aurait tirés de sa politique de neutralité. Nous sommes trop étrangers à la situation des mineurs pour pouvoir discerner dans la prospérité croissante du syndicat ce qui revient à sa neutralité et ce qui revient à l'essor économique. Mais dans le même article, Hué signale « le particularisme de clocher » comme l'une des plus grandes causes de faiblesse du mouvement minier allemand ; c'est à cet esprit borné qu'il faut attribuer l'échec de la dernière tentative de grève. « Les mineurs de Silésie et ceux de la rive gauche du Rhin sont loin d'avoir la même manière de voir, bien que leur situation sociale soit presque identique. Le mineur de l'Allemagne centrale pense trois fois à lui-même avant de songer à penser aux camarades de l'Allemagne du sud ».

Voilà certainement un grave inconvénient, mais qu'est-ce autre chose qu'une manifestation de la politique pratique d'actualité, de la pure politique d'intérêts? On ne pourra triompher du particularisme de clocher, qu'en élargissant l'horizon du mineur, qu'en lui montrant combien ses intérêts sont étroitement solidaires avec ceux des autres prolétaires, avec ceux de l'évolution de la société tout entière, ce qui n'est possible qu'en admettant une certaine théorie sociale, en faisant de la propagande socialiste. Si au contraire le syndicat ne s'occupe que de ses intérêts immédiats, les idées particularistes ne feront que se développer parmi les mineurs, que la direction du syndicat le veuille ou non. Le syndicat pourra par là gagner de nouveaux adhérents, mais ni la discipline ni la cohésion n'y gagneront.

Les mineurs constituent une exception en ce sens que la politique d'actualité et d'intérêts amène des scissions locales entre les mineurs eux-mêmes, ce qui n'arrive pas généralement dans les autres corps de métiers. Mais chez beaucoup d'entre eux cette politique a pour conséquence de susciter cette rivalité qui existait autrefois dans les corporations se disputant tel ou tel travail dont elles réclamaient le monopole. En Angleterre, il y a, ou il y avait encore il n'y a pas longtemps, des luttes fréquentes entre des ouvriers de différents métiers. Webb, dans sa « Théorie et pratique des syndicats anglais », consacre un chapitre particulier au « droit à un métier » dans lequel il flagelle cette folie d'ouvriers organisés qui, pour enlever un travail à d'autres ouvriers, vident leurs caisses dans des grèves successives, paralysent leur force de résistance contre le capital ou se font « antigrévistes » pour briser la force d'un syndicat rival. C'est une résurrection de la folie des corporations des temps féodaux, où s'allumaient des guerres interminables entre les boulangers et les pâtissiers se disputant le droit de faire des gâteaux, entre les cordonniers et les fabricants de pantoufles voulant les uns et les autres faire des galoches. En Allemagne nous pensions que de semblables faits ne pouvaient se produire que dans des corporations d'antisémites exaltés, lorsque les typographes « neutres » de Kiel nous ont détrompés : ceux-ci ne souffrirent pas qu'un ouvrier mécanicien étranger au métier typographe travaillât à une presse d'imprimerie. Cela n'est pas un hasard. Les tendances à la neutralité politique et l'exclusivisme corporatif sont les fruits du même arbre, de la politique d'affaires.

Nous le voyons, cette politique n'unit pas les ouvriers, elle les divise, non d'après les partis politiques, mais d'après les métiers.

Elle ne brise pas seulement la solidarité prolétarienne, mais elle oppose aussi une digue puissante à l'indépendance politique des prolétaires.

Nous avons déjà remarqué, qu'il n'est pas très difficile d'intéresser différents partis à l'une ou à l'autre des revendications immédiates de tel ou tel groupe ouvrier, surtout si cette politique d'actualité est tellement pratique qu'elle se contente de réformes immédiates, réalisables, et n'imposant aux classes dirigeantes, sinon aucun sacrifice, du moins, que des sacrifices insignifiants.

Mais si les syndiqués ont le choix entre les différents partis qui s'offrent à eux pour défendre l'une ou l'autre de leurs revendications immédiates, ce qui semble le plus pratique, c'est de donner la préférence à celui qui est le plus fort, qui a le plus facile accès auprès du gouvernement, et qui sera par conséquent plutôt en situation de faire aboutir cette revendication.

Du point de vue de cette politique pratique d'actualité et d'intérêts sans déguisement, il est insensé d'admettre que les syndicats aillent porter les voix dont ils disposent à un parti jeune, en voie de formation, qui n'a aucun espoir d'arriver prochainement au pouvoir. Pour eux la politique est une affaire, mais on ne fait d'affaires qu'avec les clients solvables.

Tandis que dans toute l'Europe continentale l'entrée des ouvriers dans l'arène politique a amené la création de nouveaux partis et une décomposition des anciens partis politiques, nous voyons en Angleterre et aux Etats-Unis, où les syndicats dominent la vie politique de l'ouvrier, où ils ont inscrit la neutralité politique sur leur drapeau, la vie politique persister dans l'ornière des deux grands partis d'autrefois, qui continuent à occuper à tour de rôle le pouvoir, sans laisser de place pour un nouveau parti, pas même pour le parti socialiste. La pensée socialiste se répand rapidement en Angleterre et en Amérique : à preuve, l'extension qu'y a prise la littérature socialiste dans les dernières périodes décennales ; mais l'ouvrier anglais ou américain se dit que le sort du socialisme ne sera pas décidé aux prochaines élections. Si je vote pour un socialiste, se dit-il, je gaspille mon bulletin de vote, je fais une pure démonstration, mais si je vote pour un libéral ou pour un conservateur, pour un républicain ou un démocrate, j'exerce ma part d'influence sur le futur gouvernement. Je ne voterai donc pas pour le socialiste, mais pour celui des deux partis dominants qui pour le moment me fait espérer le plus d'avantages.

C'est ainsi que raisonnent également dans ces deux Etats la grande majorité des syndiqués pénétrés des idées socialistes ; et tant que les ouvriers pensent ainsi, un parti ouvrier indépendant ne peut absolument pas se développer. La neutralité apparente devient ainsi une véritable hostilité contre le parti socialiste.

Ainsi l'examen de la politique d'intérêts sans déguisement nous conduit par une autre voie au même résultat que l'examen de la politique ouvrière : ou bien cette politique est de la politique socialiste sous un autre nom avec la précision et la conscience en moins, ou bien elle est une politique anti-socialiste. Mais en réalité elle ne sera jamais ce que ses défenseurs actuels dans le parti voudraient bien en faire : un parti tenant la balance parfaitement égale entre le parti socialiste et les partis bourgeois.

Mais qu'importe si le parti socialiste en souffre ? Le parti est-il donc le but de notre agitation ? demande Elm, n'est-il pas plutôt un moyen pour arriver au but : la réalisation du socialisme ? Or, quel est le pays dont l'organisation sociale se rapproche plus du socialisme que l'Angleterre qui n'a qu'un parti socialiste peu développé, mais de puissants syndicats neutres, qui « ont pu se former, en se mouvant entre les deux grands partis des libéraux et des conservateurs, sans plus favoriser l'un que l'autre, et qui ont ainsi acquis une grande influence, qu'ils savent très-bien mettre au service de leurs intérêts de classe ».

Il est certain que le parti n'est pas notre but définitif, qu'il n'est qu'un moyen pour atteindre au but. Mais la question est celle-ci : Ce but peut-il être atteint sans un parti, sans une organisation politique autonome du prolétariat ?

Aujourd'hui il se dit et il s'écrit tant de choses pour et contre la politique de parti ! Qu'est-ce en définitive que cette politique ? Un parti politique est une organisation politique, un politicien de parti est un politicien qui agit dans le cadre d'une organisation ; faire de la politique de parti, c'est grouper en une organisation toutes les forces politiques agissant dans le même sens, et les faire coopérer méthodiquement. Prétendre que le prolétariat atteindra plus rapidement son but par une politique neutre que par une politique de parti c'est prétendre qu'il avancera plus rapidement par la désorganisation politique que par une organisation politique.

Nous ne savons pas si telle est l'opinion d'Elm mais on le dirait à voir l'enthousiasme qui s'empare de lui, dès qu'il vient à parler des succès obtenus par la politique des trade-unions anglaises. Nous ne partageons pas sa manière de voir ; nous croyons au contraire que ce sont précisément les résultats de cette politique qui la condamnent et qui montrent clairement que le prolétariat ne peut pas se passer d'une organisation politique autonome, c'est-à-dire d'une politique de parti.

Si nous arrivons à d'autres résultats qu'Elm, il faut l'attribuer à la méthode différente que nous suivons. Il compare la situation de l'ouvrier anglais à celle de de l'ouvrier allemand, et la trouve infiniment meilleure; les ouvriers anglais se seraient donc plus rapprochés du socialisme sans le parti socialiste que les ouvriers allemands avec le parti socialiste. Mais *post hoc* n'est pas toujours *propter hoc*. Si les ouvriers anglais sont aujourd'hui, sans parti socialiste, plus avancés que les ouvriers allemands, cela ne prouve nullement qu'il faille attribuer ce fait à l'absence d'une politique de parti socialiste.

Elm semble croire que les ouvriers anglais doivent leur situation politique et sociale d'aujourd'hui exclusivement aux syndicats. C'est avec enthousiasme qu'il nous dit : « La puissance économique que possèdent les ouvriers anglais grâce à leurs trade-unions, est très considérable, elle leur donne une grande influence dans l'Etat et dans la Commune.

« Dans leurs grandes corporations, les ouvriers anglais ont puissamment travaillé à leur propre éducation, et cela est très important à mes yeux : les institutions démocratiques qu'ils ont crées pour leur propre administration ont subi l'épreuve de la pratique, et l'ouvrier anglais est devenu ainsi bien plus capable de s'administrer lui-même que l'ouvrier de n'importe quel pays. En un mot, la démocratisation est arrivée à un tel degré en Angleterre que nous Allemands, nous nous sentons tout confus quand nous comparons nos libertés politiques à celles du peuple anglais ».

Raisonnement merveilleux ! Cette dernière phrase aurait pu s'écrire il y a cent ans, il y a même deux cents ans, alors qu'il n'y avait pas encore la moindre trace des trade-unions anglaises.

Elm est d'ailleurs bien peu exigeant, si l'influence des ouvriers anglais dans l'Etat lui en impose tellement ! Si l'on considère le développement économique de l'Angleterre, si accéléré qu'il produisit, il y a plus de cinquante ans, une grande agitation ouvrière, alors que le prolétariat allemand essayait timidement ses premiers pas ; si l'on considère que le prolétariat anglais relativement plus nombreux que tout autre a pu se développer dans une complète liberté de mouvement et d'organisation sans être gêné par une forte classe de paysans conservateurs et de petits bourgeois, on trouvera un peu faible l'influence que les ouvriers anglais ont acquise dans l'Etat.

Aujourd'hui encore, les ouvriers anglais ne jouissent pas tous du droit de vote. Environ deux millions de prolétaires ayant l'âge requis en sont privés ; aujourd'hui encore, les membres du parlement ne touchent point d'indemnité, aujourd'hui encore une campagne électorale coûte très cher au candidat ; il doit payer tous les frais officiels et doit fournir une caution en posant sa candidature. Dans bien des circonscriptions les frais d'élections s'élèvent à 37.500 francs par candidat. Une forte organisation du parti socialiste pourrait au besoin surmonter cet obstacle pour quelques candidats prolétaires (pour 100 candidats ces frais d'élections s'élèveraient à des millions). En l'absence de cette organisation, le parlementarisme ainsi constitué est un luxe que seuls les gens riches ou leurs protégés peuvent se permettre. Aussi n'y a-t-il pas de Parlement moderne en Europe où l'élément prolétaire soit moins représenté que dans le Parlement anglais. Même en Italie il y a trois fois plus de réprésentants du prolétariat qu'au Parlement anglais, sans compter que les députés prolétaires forment partout une organisation indépendante, tandis qu'en Angleterre ils n'ont pu se glisser dans le Parlement que sous le masque de libéraux du type bourgeois, comme appendice d'un parti capitaliste.

Si les ouvriers anglais acceptent paisiblement une telle situation, s'ils la trouvent toute naturelle, il n'est pas étonnant qu'ils tolèrent une Chambre haute, qui n'est pas un Sénat comme le Sénat français ou américain sur lesquels la population peut exercer une influence par de nouvelles élections, mais qui est une assemblée de momies privilégiées, analogue à quelque Chambre des seigneurs d'un pays demi-asiatique. Et cette Chambre des pairs n'existe pas seulememt pour la forme ; de temps en temps elle se fait remarquer par l'énergie avec laquelle elle cherche à enrayer toute politique sérieuse de réformes. En 1893 et en 1894 elle rejeta systématiquement toutes les mesures réformatrices du ministère libéral votées dans la Chambre basse ; parmi celles-ci il y en avait de très importantes pour les ouvriers. Les Lords pouvaient le faire impunément. Les élections suivantes apportaient une majorité écrasante aux conservateurs, aux partisans et aux protecteurs de la majorité de leur Chambre haute (1).

(1) Cette manière de voir a depuis lors trouvé une confirmation

Si la grande influence des ouvriers anglais dans l'Etat devait se manifester quelque part, c'est dans les questions de législation du travail. C'est sur ce terrain que la politique d'actualité pratique, que la politique d'intérêts pure doit surtout triompher. Mais la classe ouvrière anglaise qui, grâce à l'agitation chartiste conquit, il y a plus de cinquante ans, la journée de dix heures n'a, depuis qu'elle fait de la politique neutre, remporté que de médiocres victoires, si l'on fait abstraction de l'extension à de nouvelles catégories d'ouvriers des réglements protecteurs déjà octroyés. Les temps ne sont plus, où les ouvriers anglais étaient les champions du prolétariat international et où la législation du travail en Angleterre était un idéal pour tous les politiques socialistes, pour tous les organes de la classe ouvrière. Dans bon nombre d'Etats la législation de travail des Anglais est dépassée sur des points importants. Il n'y a pas encore en Angleterre de limitation générale de la durée de la journée des adultes, comme elle existe en Suisse, en Autriche, et aujourd'hui même en France (pour certaines

inattendue dans les jugements rendus par les lords pendant l'été 1901 dans l'affaire du chemin de fer Taff-Vale et dans le procès Quinn contre Leatham. Ces deux jugements constituent des précédents juridiques extrêmement défavorables pour les trade-unions ; en effet ils rendent pécuniairement responsable le syndicat pour tous les torts causés à un tiers par le syndicat ou un de ses fonctionnaires. Il y a vingt ans, les ouvriers anglais se seraient élevés avec indignation contre cette imprudente provocation. Aujourd'hui ils continuent d'élire les partisans de ces mêmes lords, qui essayent, dans la lutte contre le capital, de les garrotter et de les baillonner.

catégories d'usines). Le dernier progrès social de quelque importance qui ait été réalisé en Angleterre est — écoutez et admirez ! — qu'à partir du 1er janvier de cette année (1900) il est interdit d'employer les enfants qui ont moins de douze ans. Jusqu'à cette date, le capital pouvait régulièrement exploiter même les enfants de onze ans ! Jusqu'en 1893, il était permis d'accepter des enfants de dix ans dans les ateliers et les fabriques. Dans les mines, on peut encore aujourd'hui épuiser des enfants par un travail de dix heures. Admirables résultats de la grande influence que les ouvriers anglais ont acquise dans l'Etat !

Les classes dominantes en Angleterre sont forcées de faire quelques concessions aux ouvriers dans la question de la législation du travail pour conserver leurs voix, mais dans tous les autres domaines de la politique officielle leur influence est absolument nulle. On peut dire que la classe capitaliste n'a jamais, n'a nulle part exercé une souveraineté aussi absolue qu'aujourd'hui en Angleterre. Elle n'y trouve pas comme ailleurs le contre-poids d'une classe ouvrière bien unie, politiquement indépendante, et qui sait ce qu'elle veut. Elle ne rencontre pas non plus, parmi les classes possédantes, des éléments agraires assez considérables pour restreindre sa puissance, comme c'était le cas il y a quelque trente ou quarante ans. Les conservateurs en Angleterre deviennent de plus en plus un parti capitaliste, car l'agriculture a de plus en plus cédé le terrain à l'industrie, et les propriétaires fonciers n'ont pas le moindre espoir de se relever aux dépens des bénéfices et des salaires de l'industrie. Ce n'est qu'en participant aux profits de l'industrie, aux revenus fonciers toujours croissants des terrains à bâtir, au pillage des pays lointains par la politique coloniale, qu'ils peuvent réparer les pertes subies sur la rente foncière de leurs terres. En Angleterre, il n'y a presque plus de conservateurs comme en possède l'Allemagne. Le parti conservateur est aujourd'hui un parti capitaliste plus puissant que jamais, il ne rencontre d'opposition sérieuse ni au Parlement ni dans le pays.

A cette puissance dans le Parlement vient se joindre la puissance dans la presse. Etant données les ressources du capital, une presse grande et indépendante ne peut se former et se soutenir que par une puissante organisation politique du prolétariat. Le prolétariat qui renonce à avoir sa politique de parti, renonce en même temps à avoir une presse grande et indépendante. Ainsi, grâce à la politique de neutralité des trade-unions anglaises, la presse a comme le Parlement complètement passé aux mains du capital. Et c'est cette presse vénale et asservie qui forme et dirige l'opinion dans les masses populaires sur toutes les questions autres que les questions d'intérêt immédiat. Pour tous les grands problèmes qui demandent une vue plus large, une intelligence plus profonde des relations sociales, le peuple anglais a suivi aveuglément ces dernières années les chefs de claque que le capital entretient dans le Parlement et dans la presse. L'attitude de la majorité des ouvriers anglais dans la guerre sud-africaine en est une preuve frappante.

Nulle part le capital ne règne plus absolument en politique qu'en Angleterre, nulle part le prolétariat n'est plus dépendant en politique. Elm trouve cependant qu'aucun pays n'est plus rapproché du socialisme que l'Angleterre, que nulle part le prolétariat n'est parvenu à un plus haut degré de « self-government » démocratique. Certes, les conditions matérielles nécessaires au développement du socialisme se trouvent mieux remplies en Angleterre qu'ailleurs ; mais la maturité politique des ouvriers, seule capable de développer dans le sens du socialisme ces conditions préalables, fait de plus en plus défaut aux ouvriers anglais, et sous ce rapport ils cèdent le pas au prolétariat du reste de l'Europe.

Personne ne ressent cela plus amèrement que les socialistes anglais, qui ne partagent nullement la satisfaction d'Elm. Il n'y a que quelques années que Bernstein écrivait dans la *Neue Zeit* un article sur l'avenir des ouvriers anglais : « Il faudra bien que les conservateurs fassent aux ouvriers des concessions sur un terrain ou sur un autre, mais en somme ce sera bien maigre, et ces messieurs se serviront de tous les prétextes possibles pour ne pas entreprendre de « changements constitutionnels ». Peut on leur en vouloir, si les ouvriers attendent patiemment les réformes, au lieu de lutter pour les obtenir ? L'ouvrier anglais, disait un jour dans sa mauvaises humeur un socialiste anglais, est un mendiant en politique, c'est-à-dire qu'il est habitué à recevoir des aumônes politiques, — et un mendiant doit se contenter de ce qu'on lui donne. La situation n'est plus tout à fait aussi mauvaise, mais il y a encore place pour bien des améliorations » (*Neue Zeit*, XIII, 2 p. 438).

Nous ne retrouvons pas ici la confiance avec laquelle Elm vante « la grande influence » que les ouvriers ont acquise dans l'Etat grâce à leur habile politique de bascule.

Mentionnons encore ici les Fabiens anglais : leur refrain est qu'il faut désespérer du prolétariat anglais, dont ils considèrent le « conservatisme bourgeois » comme insurmontable, n'attendant plus rien de leur initiative politique. C'est pourquoi ils s'adressèrent aux bourgeois idéalistes, aux libéraux radicaux, afin de les pénétrer de l'esprit socialiste. Leur propre socialisme en est devenu d'autant plus tiède, à la vérité, qu'ils cherchaient davantage à le faire accepter par la bourgeoisie. Mais la puissance politique du libéralisme est devenue encore plus faible que le socialisme des Fabiens ; le parti libéral n'est plus qu'une ombre, il ne vaut plus la peine qu'on l'imprègne de socialisme ou de quoi que ce soit.

La tactique des autres organisations socialistes est le contraire de l'erreur des Fabiens. Partant de cette idée que les ouvriers ne voteront jamais pour les candidats socialistes, tant qu'ils pourront suivre cette politique de bascule entre les libéraux et les conservateurs, politique si admirée par Elm, quelques socialistes anglais considèrent comme nécessaire de se débarrasser du parti libéral, et à cet effet ils ont soutenu quelquefois dans les élections les conservateurs dont la puissance est déjà si grande.

Cela semble tout aussi absurde aux socialistes du

continent que la tactique des Fabiens. Mais dans l'une comme dans l'autre tactique on ne trouve que le reflet de l'absurde politique neutre des syndicats anglais. Comme jusqu'ici nous avons été préservés de celle-là en Allemagne, nous n'avons pas à nous occuper de celle-ci.

Enfin un certain nombre de syndiqués, dégoûtés de la corruption engendrée par la politique de neutralité, se sont réunis aux socialistes anglais pour fonder un parti ouvrier autonome et pour arriver ainsi à une politique de parti indépendante. Cela nous semble la seule route praticable pour sortir de l'impasse dans laquelle les trade-unions se sont fourvoyées. Mais il ne faut pas s'attendre à arriver promptement à de grands résultats pratiques. La politique d'intérêts pure a contaminé tellement tout le monde syndical anglais, qu'on ne peut guère s'attendre à la voir s'avancer d'un pas ferme et résolu dans cette nouvelle voie.

Quoi qu'il en soit, le fait seul que de grandes agglomérations de syndiqués cherchent cette voie et éprouvent le besoin de s'y engager démontre clairement qu'ils ont reconnu eux-mêmes toute la stérilité de la politique de neutralité.

C'est une singulière ironie de l'histoire, que quelques-uns de nos syndiqués cherchent à introduire chez nous la politique de neutralité en nous donnant l'Angleterre comme modèle, au moment même où elle menace de faire faillite là-bas.

IV

Nous avons vu que lorsque les syndicats font de la

politique, ils font en réalité ou de la politique socialiste, ou de la politique anti-socialiste, qu'ils ne peuvent pas à l'égard du parti socialiste garder une neutralité réelle, que leur neutralité ne peut être qu'apparente.

D'un autre côté, nous avons déjà montré au commencement de ce travail que la direction du mouvement syndical tend partout à les rapprocher de plus en plus du parti ouvrier. Cette tendance est fortement motivée par des circonstances qui n'agissent pas moins en Allemagne qu'ailleurs.

La neutralité politique, ou pour mieux dire, l'indifférence politique des syndicats anglais remonte à la période de 1850 à 1875 environ, à cette époque où la théorie de Manchester florissait, où l'industrie anglaise avait pris le plus brillant essor sous l'influence du libre échange et de la libre concurrence. Le syndicat était alors un moyen, pour un certain nombre de métiers du moins, d'opposer une phalange serrée de salariés aux entrepreneurs, divisés par leur propre concurrence, et par la concurrence étrangère ; le syndicat balançait ainsi la prépondérance du capitaliste sur l'ouvrier isolé. Il allait, à ce qu'il semblait, faire des ouvriers les égaux des capitalistes ; il allait les introduire dans la bourgeoisie, en les réconciliant avec elle et en les éloignant des « utopies » socialistes.

Mais tous ces beaux résultats qu'on attendait de l'action syndicale, disparaissent de plus en plus, même en Angleterre. Car la longue crise qui dura de 1876 à 1887 amena la banqueroute sinon du capitaltsme, du moins de la théorie de Manchester, de la foi dans les heureux résultats du libre échange et de la libre concurrence. Les capitalistes eurent désormais un autre idéal : le monopole à l'intérieur et à l'extérieur, les droits protecteurs et la solide alliance des entrepreneurs. Par là se modifient aussi les vues et la position des syndicats. Aux rangs serrés des salariés d'un métier s'opposent maintenant les rang serrés de leurs exploiteurs, et la proportion des forces entre les ouvriers et les entrepreneurs qui existait autrefois entre l'ouvrier et l'entrepreneur isolés, se trouve reproduite sur une plus grande échelle.

Encore maintenant (1900), dans une période de prospérité, ce phénomène est très facile à constater. Grâce aux coalitions d''entrepreneurs, tous les fruits dus au grand développement de l'industrie sont échus presque exclusivement aux capitalistes. Les prix de toutes les marchandises ont plus haussé que celui du travail de l'ouvrier. Ce travail a été plus considérable, plus régulier, mais à part cela les prolétaires n'ont tiré aucun avantage matériel de ce grand épanouissement industriel, malgré les progrès de l'organisation syndicale.

Des théoriciens mêmes, peu suspects « d'orthodoxie » marxiste, voient les syndicats sérieusement menacés par les associations d'entrepreneurs.

Voici ce que disent M. et Mme Webb à ce sujet dans leur livre sur la « *Théorie et la pratique des syndicats anglais* » : « Si toute l'industrie est dans la main d'un grand entrepreneur, ou est répartie entre un petit nombre d'entrepreneurs ne se faisant pas concurrence — et surtout si le monopole est protégé d'une façon quelconque contre de nouveaux rivaux — alors le syndicat reconnait que ses méthodes sur l'assurance mutuelle et sur le contrat collectif ne lui sont d'aucune utilité. Cela s'applique, par exemple aux grandes compagnies de chemins de fer du Royaume Uni, et à quelques-uns des grands trusts capitalistes des Etats-Unis.

En face des ressources infinies, de la clientèle assurée par le monopole, de l'unité absolue de direction de ces Leviathans modernes de l'industrie, le pauvre quart de million du plus riche syndicat et la révolte de un ou deux cent mille ouvriers opiniâtres et exaspérés ne produisent pas plus d'effet que des flèches qu'on lancerait contre un cuirassé. Dans de tels cas, ce n'est que de la législation qu'on peut attendre des lois générales, *common rule*, améliorant les conditions du travail ; les syndicats en lutte avec de si puissants intérêts n'obtiendront que très difficilement ces lois, mais une fois qu'elles seront acquises, elles seront d'une application et d'une exécution faciles, grâce à la belle organisation de l'industrie. Nous pouvons donc admettre que l'excessive concentration de l'industrie en trusts et en monopoles aura pour effet, soit de ruiner les syndicats en annihilant tous leurs efforts, soit de les amener à user de leur influence presque exclusivement en faveur de la législation » (II, p. 93).

Dans ce second cas, c'est encore la ruine des syndicats qui se prépare. Un syndicat qui ne fait que de la politique, devient tout à fait inutile. Un parti politique s'acquittera bien mieux de cette fonction qu'un syndicat. Si Webb était socialiste au lieu d'être Fabien, il aurait tiré cette conclusion de son exposé : Le développement de l'industrie conduit à la décadence des syndicats et à leur remplacement par un parti ouvrier.

Ce n'est cependant pas notre opinion ; le développement industriel ne ruine pas les syndicats, et ne les force pas à ne faire que de la politique ; mais il les oblige à renoncer à leur isolement, ou ce qui revient au même, à leur politique de neutralité.

Le nombre croît toujours de ces métiers dont le syndicat isolé, séparé de tout le reste du prolétariat, indifférent, « neutre » à son égard, est tout-à-fait incapable de soutenir sa corporation dans une grande lutte contre les entrepreneurs, et se voit forcé de faire appel à tous les moyens de lutte dont dispose le prolétariat en masse ; ce n'est pas renoncer à l'action isolée, exclusivement syndicale, afin de se vouer exclusivement à la politique ; c'est au contraire unir l'action syndicale à l'action politique, c'est unir les moyens de pression dont dispose le syndicat à ceux du parti politique. Mais parmi ces derniers moyens, il n'y a pas seulement les moyens parlementaires, bien que ceux-ci soient les plus importants, les plus longtemps efficaces. Outre les représentants du parti au Reichstag et dans les Landtag, il y a aussi à considérer ses représentants dans les administrations communales et dans la presse.

Les imprimeurs « neutres » eux-mêmes se virent forcés, en 1891-92, de faire appel, pendant leur longue grève, au parti socialiste pour en obtenir des secours. S'il y a une classe d'ouvriers qui n'a aucun espoir de lutter victorieusement contre l'organisation des entrepreneurs, au moyen de son organisation syndicale, c'est celle des mineurs aux tendances neutralistes. Pour ces ouvriers (et aussi pour les employés de chemin de fer en Prusse) il est bien plus important d'élire des députés socialistes au Landtag de Prusse que d'essayer, sans grand espoir de succès, de rallier des collègues ultramontains à la cause du syndicat, en déguisant les socialistes en inoffensifs amis des ouvriers. D'un autre côté les députés socialistes au Landtag prussien feraient pour nous une propagande bien plus efficace parmi les mineurs hostiles encore, que celle qu'on pourrait attendre de la plus stricte neutralité. Si nous attachons une telle importance aux élections au Landtag prussien c'est surtout à cause des mineurs et des employés de chemin de fer qui réclament avec tant d'insistance une « politique de parti » de ce genre.

Ce n'est pas l'éloignement des syndicats du parti socialiste, mais une action commune de plus en plus intime de ces deux éléments, que le développement industriel rend de plus en plus nécessaire. Cette tactique n'est nullement en contradiction avec la nature du mouvement syndical ; pour le montrer nous n'avons qu'à jeter un coup d'œil sur l'Autriche dont les syndicats ont eu récemment leur dernier congrès. Nous empruntons au compte-rendu de la commission syndicale cette heureuse constatation que de 1892 à 1899 le nombre des membres des syndicats autrichiens s'est élevé de 66.080 à 157.773 ; il a donc plus que doublé. Le tirage annuel de la presse syndicale a augmenté dans une proportion encore plus forte. Il était en 1894 de 930.600 numéros, en 1899-1900 de 4 624.300 ; il a donc plus que quadruplé en l'espace de quelques années.

« Le rapport, dans son ensemble, conclut la commission syndicale, montre surabondamment que le mouvement syndical progresse constamment, ce qui est le résultat des efforts communs de forces exerçant une action syndicale et politique ». On lit encore dans ce même rapport : « C'est la force invincible de l'idée socialiste qui fait échouer toutes les tentatives que fait la bourgeoisie pour traîner la classe ouvrière à sa suite, qui maintient pure la lutte prolétarienne de classe, et qui fait progresser l'organisation ouvrière ».

« Dans l'article où l'*Arbeiterzeitung* de Vienne souhaite la bienvenue au congrès (10 juin), elle fait cette constatation :

« Dans leur pénible lutte de chaque jour contre les entrepreneurs, où les plus modestes résultats ne s'obtiennent souvent qu'au prix des plus grands efforts, les ouvriers organisés de l'Autriche n'oublient pas qu'un grand idéal les appelle à cette lutte sublime. Affranchir les prolétaires du salariat qui les asservit, fonder une société solidaire assurant à chacun le produit de son travail, tel est le but dont ils cherchent avec un effort inlassable à se rapprocher. *Les syndicats autrichiens sont socialistes* : Voilà le fait qui mettra fin à la duperie de la démagogie bourgeoise. Il n'est pas impossible de rassembler dans une réunion soigneusement gardée quelques centaines d'hommes hurlant de se trouver ensemble dans un parti ouvrier « nationaliste » ou « chrétien ». Mais ce sont les syndicats socialistes qui nous font connaître les sentiments et les idées des masses ouvrières en Autriche. Et cette calomnie est tombée du même coup, qui prétendait que le parti socialiste ne représentait pas la cause des ouvriers, et qu'il n'était professé que par leurs meneurs. Les représentants des ouvriers organisés, qui se réuniront lundi sont des socialistes comme ceux qui les ont délégués. Et c'est parce qu'ils croient au grand avenir du prolétariat, à la vérité de leur idéal, qu'ils se sentent le courage de lutter avec joie actuellement pour remporter de modestes avantages qui n'auront toute leur signification et toute leur valeur que dans les luttes prochaines ».

Voilà les idées auxquelles appartient l'avenir, et non les timides travestissements de candidats socialistes en « amis des ouvriers », de la politique socialiste en « politique ouvrière ».

Mais que l'on ne s'imagine pas qu'une étroite alliance des syndicats et du parti socialiste se fasse tout au profit des premiers. Cela n'est pas : le parti socialiste a tout autant besoin du secours des syndicats, que ceux-ci ont besoin du parti, et si le développement économique invite les syndicats à s'appuyer de plus en plus sur la politique de parti, ce développement pousse également le parti politique à rechercher l'appui des syndicats.

Les avantages politiques que le prolétariat a acquis jusqu'à présent ne sont pas dus à sa seule force, mais aussi et surtout, d'une part, à l'opposition que se faisaient entre eux les partis dominants, cherchant tous à se concilier le prolétariat, et, d'autre part, à la force de la petite bourgeoisie démocratique. Le prolétariat anglais doit la journée de dix heures et le droit électoral, en grande partie, à l'antagonisme de la propriété foncière et du capital industriel ; le suffrage universel est né en Allemagne d'une opposition analogue ; en France, la république a été conquise et s'est maintenue par le prolétariat uni à la petite bourgeoisie radicale.

Mais au fur et à mesure que le prolétariat prend des forces, tous ces éléments qui ont favorisé jusqu'ici le progrès politique disparaissent. L'opposition entre la propriété foncière et le capital s'atténue à vue d'œil, en même temps que s'accuse plus nettement leur opposition commune au prolétariat, et la petite bourgeoisie ruinée se jette dans les bras de la réaction.

Il est vrai que pour le prolétariat politiquement autonome, la question des alliances passagères politiques prend de plus en plus d'importance, mais précisément parce que la démocratie bourgeoise dépérit de plus en plus, devient de plus en plus incapable de résister par ses propres forces aux assauts des réactionnaires, parce qu'elle a un besoin de plus en plus urgent de l'aide du prolétariat. On se tromperait en considérant ces alliances comme un moyen de conquérir de grands avantages politiques. Nous pourrons nous tenir pour satisfaits, si, grâce à elles, nous parvenons à arrêter les progrès inquiétants de la réaction. On veut nous faire croire que nous sommes dans une ère de progrès démocratiques ininterrompus, mais toutes les grandes victoires qu'on accueille avec tant de joie, se bornent en définitive à empêcher un recul (rejet du droit de coalition, la loi Heinze, etc.).

Certes, on ne peut pas encore dire absolument que nos adversaires forment une masse compacte réactionnaire, mais il est certain que les forces bourgeoises qui jusqu'à présent se sont mises au service du progrès, diminuent, et que le prolétariat aura de plus en plus à compter exclusivement sur lui-même.

Moins il a à attendre des divisions de ses adversaires, plus il doit réunir contre eux toutes ses forces pour une action commune et méthodique. Son mot d'ordre doit être concentration, et non neutralisation ou isolement de ses forces. Si l'action politique peut soutenir l'action syndicale, l'inverse est également possible ; les syndicats peuvent seconder l'action politique non seulement en faisant de la propagande, mais en fournissant des secours matériels, en hommes et en argent, et finalement en employant le moyen de pression le plus décisif, *la grève*. La grève générale comme l'entendent les anarchistes, cette grève de tous les salariés, décrétée à jour fixe afin de rendre superflue l'action politique et de détruire d'un coup la société capitaliste, nous semble une folie, mais nous estimons cependant que, dans certaines circonstances, une grève étendue peut être très propre à soutenir une grande action politique. Le refus de travail peut devenir pour le prolétariat ce que le refus de l'impôt était pour la bourgeoisie. Ce n'est naturellement qu'une ressource extrême, mais une politique qui voit loin doit tout prévoir.

Notre vie politique ne sera pas toujours aussi calme qu'aujourd'hui : ce calme n'est pas justifié par un progrès continu ; toutes les graves questions de politique intérieure et extérieure sont ajournées, ce qui ne fait que les aggraver en les compliquant, jusqu'au jour où elles déchaîneront des luttes plus violentes.

Même dans les temps où la vie politique est pacifique, un puissant mouvement syndical, créant un prolétariat intelligent, capable de lutter, est de la plus grande importance pour le mouvement politique, car ce sont les syndicats qui fournissent à la lutte politique du prolétariat ses meilleurs éléments : l'esprit qui les anime passe dans le mouvement politique, et réciproquement.

Ce sont en effet bien souvent les mêmes hommes qui agissent ici et là-bas, et pour ce motif les deux mouvements des syndicats et du parti socialiste, partout où ils embrassent la masse des prolétaires capables de lutter, ne sont pas deux mouvements différents, parallèles, indépendants l'un de l'autre, mais deux aspects d'un même mouvement, la lutte d'émancipation du prolétariat. Comme troisième aspect de cette lutte, on peut encore indiquer le mouvement coopératif qui ne pourra non plus toujours rester neutre ; nous devrons naturellement tôt ou tard l'utiliser pour la lutte commune, comme les camarades belges l'ont si bien compris.

Mais la lutte pour l'émancipation prolétarienne sous ces différents aspects ne peut se concentrer que si partout elle se propose le même but : l'affranchissement des prolétaires du salariat, quand ce but disparaît de la conscience du prolétariat militant, les éléments de dissociation prennent le dessus, et chaque association ouvrière ne sent plus la nécessité de se solidariser avec toutes les autres, les syndicats et les coopératives se neutralisent, s'isolent, deviennent de simples entreprises d'affaires et la base s'effondre, sur laquelle pouvait s'organiser un mouvement de classe prolétarien politiquement autonome.

Le but final, ce n'est pas seulement un rêve d'avenir, c'est lui qui détermine l'orientation pratique du devenir prolétarien, qui lui donne de la force, de l'enthousiasme, de l'unité, de la discipline. D'autre part, le monde ouvrier est d'autant plus accessible au socialisme que l'activité syndicale (et à l'occasion l'activité coopérative) s'y trouve plus étroitement associée à l'activité politique indépendante.

Nous n'avons pas à craindre que sous ce rapport la situation s'aggrave dans le prolétariat allemand. Dans tous les pays, on tend, non à éloigner l'action politique de l'action syndicale, mais au contraire à fortifier leur cohésion. Les causes qui déterminent cette tendance, sont aussi agissantes en Allemagne qu'ailleurs, de plus, elles sont générales, constantes, tandis que le courant contraire n'a que des raisons d'être momentanées, locales ; aussi finiront-elles par l'emporter chez nous. Si nous n'avons pas à redouter que les tentatives de neutralisation aboutissent à détacher un grand nombre de syndicats du mouvement socialiste

— on parlera çà et là en faveur de la séparation, mais on n'arrivera pas à l'effectuer — elles ne resteront pas cependant sans effet, elles auront tout au plus ce résultat, qu'on tiendra compte des sentiments et des besoins des ouvriers chrétiens, qu'on les traitera non en adversaires, mais en frères partout où ils marcheront avec le prolétariat engagé dans la lutte de classe, au lieu de l'attaquer par derrière en séides du capital.

Qu'on n'oublie pas que telle est l'attitude prise non seulement par les syndicats, mais aussi par le parti socialiste. Ce n'est pas seulement dans son programme, mais dans l'application qu'il demande de faire de la religion une institution d'ordre privé : il a admis les pasteurs Blumhardt et Göhre, sans s'inquiéter de leur croyance; et pourvu que les ouvriers luttent contre le capital, il ne leur demande pas à quel parti ils appartiennent ; il soutient avec le même dévouement les employés royalistes de tramway en grève et les tisseurs ultramontains : si tout cela était inconciliable avec la « politique de parti » le mouvement du parti socialiste cesserait, tout aussi bien que le mouvement syndical, de faire de la politique de parti, ce que personne n'osera soutenir.

Voilà d'après nous, tout ce que produiront les tendances de neutralisation des syndicats ; elles répondent cependant à un besoin trop profondément enraciné pour qu'on en puisse triompher complètement, tant que de grandes masses d'ouvriers catholiques se montrent hostiles au parti socialiste, tout en créant un mouvement syndical. En revanche tous les efforts de neutralisation dans le monde syndical allemand seront vains du jour où le parti socialiste aura définitivement pris pied dans les contrées industrielles actuellement ultramontaines. Car le temps n'est plus, qui a produit le type de l'ouvrier aristocrate neutre en Angleterre, et ce temps ne reviendra jamais.

LAVAL. — IMPRIMERIE PARISIENNE, L. BARNÉOUD & Cie.

BIBLIOTHÈQUE SOCIALISTE INTERNATIONALE

PUBLIÉE SOUS LA DIRECTION DE ALFRED BONNET

(SÉRIE IN-18)

DEVILLE (Gabriel). — Principes socialistes. 1898. Deuxième édition. 1 volume in-18 . . . . . . 3 fr. 50

MARX (Karl). — Misère de la philosophie. Réponse à la philosophie de la misère de M. Proudhon. 1896. 1 volume in-18 . . . . 3 fr. 50

LABRIOLA (Antonio). — Essais sur la conception matérialiste de l'histoire, tr. par Alfred Bonnet. 2e éd., 1902. 1 vol. in-18 3 fr. 50

DESTRÉE (J.) et VANDERVELDE (E.). — Le Socialisme en Belgique. 2e édit. 1903. 1 volume in-18. . . . . . 3 fr. 50

LABRIOLA (Antonio). — Socialisme et Philosophie, trad. par Alfred Bonnet. 1899. 1 volume in-18. . . . . . 2 fr. 50

MARX (Karl). — Révolution et contre-révolution en Allemagne, traduit par Laura Lafargue. 1900. 1 volume in-18 . . . 2 fr. 50

GATTI (G.). — Le Socialisme et l'Agriculture, préface de G. Sorel. 1902. 1 volume in-18 . . . . . . 3 fr. 50

LASSALLE (Ferdinand). — Discours et Pamphlets. 1902. 1 vol. in-8 . . . . . . 3 fr. 50

(SÉRIE IN-8)

WEBB (Béatrix et Sydney). — Histoire du Trade-Unionisme. 1897, traduit par Albert Métin. 1 volume in-8. . . . . . 10 fr. »

KAUTSKY (Karl). — La question agraire. — Étude sur les tendances de l'Agriculture moderne, traduit par Edgard Milhaud et Camille Polack. 1900. 1 volume in-8 . . . . . 8 fr. »

MARX (Karl). — Le Capital, traduit à l'Institut des sciences sociales de Bruxelles par J. Borchardt et H. Vanderrydt :

— LIVRE II. — **Le Procès de circulation du capital.** 1900. 1 volume in-18. . . . . . 10 fr. »

— LIVRE III. — **Le Processus d'ensemble de la production capitaliste.** 1901-1902. 2 volumes in-8 . . . . . 20 fr. »

Pour paraître prochainement :

— LIVRE I. — **Le Procès de production du capital.** 1 vol. in-8.

A LA MÊME LIBRAIRIE

CROCE (Benedetto). — Matérialisme historique et Economie marxiste, trad. par Alfred Bonnet. 1901. Un vol. in-18. . . . 3 fr. 50

FERRI (E.), *professeur à l'Université de Rome.* **Socialisme et science positive** (Darwin-Spencer-Marx). 1897. 1 volume in-8. . . . 4 fr. »

MARX (Karl) et ENGELS (Fr.). — Manifeste du parti communiste. Nouvelle édition française autorisée avec les préfaces des auteurs aux éditions allemandes. Traduction de Laura Lafargue, revue par Engels. 1901. Un petit vol. in-18 (72 pages) . . . . . 0 fr. 20

MARX (Karl). — Prix, salaires, profits, trad. par Ch. Longuet. 1899. Une broch. in-18. . . . . . 0 fr. 50

MENGER (A.), *professeur à l'Université de Vienne.* **— Le Droit au produit intégral du Travail,** trad. par Alfred Bonnet, avec préface de Ch. Andler. 1900. 1 vol. in-18 . . . . 3 fr. 50

RAE (John). — La Journée de huit heures. Théorie et étude comparée de ses applications et de leurs résultats économiques et sociaux. 1900. Un volume in-8 . . . . . . 6 fr. »

SOMBART (Werner), *professeur à l'Université de Breslau.* **— Le socialisme et le mouvement social au XIXe siècle.** 1 volume in-18 . . . . . . 2 fr. »

LAVAL — IMPRIMERIE PARISIENNE, L. BARNÉOUD & Cie.

www.ingramcontent.com/pod-product-compliance
Ingram Content Group UK Ltd.
Pitfield, Milton Keynes, MK11 3LW, UK
UKHW031944260826
14628UKWH00004B/1839

9 782019 128999